Coleção dos SONHOS PARA EDUCAÇÃO FINANCEIRA EM QUADRINHOS

NiCO E O TABLET DO VÔ AMADEU

editora
www.editoradsop.com.br

Presidente: PhD Reinaldo Domingos
Coordenadora editorial: Renata de Sá
Redatora: Brenda Carolina
Editora de texto: Sabrina Levensteinas
Editora de arte: Marisa Corazza
Revisora: Gabriela Andrade

www.senioreditora.com.br
Instagram:@senior.editora

Editor colaborador: Samuel Vieira
Blue Line Studio
Diretor de arte: João Costa
Colaboradores
Desenhos: Aparecido F. Norberto (Cidão)
Arte final HQ e capa: Omar Viñole
Arte final das atividades: Léo Munhoz
Cor HQ e capa: Marco Pelandra
Letras: Fausto Costa

Rua Alba, 88 – CEP: 04346-000
Vl. Pq. Jabaquara – São Paulo – SP
Tel.: 11 3177-7800

Dados Internacionais de Catalogação na Publicação (CIP)
(Câmara Brasileira do Livro, SP, Brasil)

Domingos, Reinaldo
Nico e o tablet do vô Amadeu / Reinaldo Domingos ; [ilustração Blue Line Studio de Artes]. -- São Paulo : Editora DSOP, 2021.

ISBN 978-65-87565-67-5

1. Educação financeira 2. Finanças - Literatura infantojuvenil 3. Sonhos - Literatura infantojuvenil I. Blue Line Studio de Artes. II. Título.

21-73208 CDD-028.5

Índices para catálogo sistemático:

1. Educação financeira : Literatura infantil 028.5
2. Educação financeira : Literatura infantojuvenil 028.5

Cibele Maria Dias - Bibliotecária - CRB-8/9427

NICO EM:
NICO E O TABLET DO VÔ AMADEU
O GRANDE DIA HAVIA CHEGADO...
NICO, LELÊ E TITI TENTAVAM ACOMPANHAR TUDO O QUE ESTAVA ACONTECENDO...
O DIA DA MUDANÇA FINALMENTE HAVIA CHEGADO. A FAMÍLIA DE NICO ESTAVA SE MUDANDO PARA UMA CIDADE MAIOR.

ALGUNS DIAS DEPOIS...
MÃE, PAI, QUANDO VAMOS VOLTAR PRA LAGOA BRANCA?
VOLTAR? ESSA É A NOSSA CIDADE AGORA.
MAS E O VOVÔ? ELE VAI FICAR SOZINHO LÁ EM LAGOA BRANCA?
ELE NÃO ESTÁ SOZINHO. ELE TEM OS ANIMAIS DO SÍTIO. QUANDO AS FÉRIAS CHEGAREM, IREMOS VISITÁ-LO.

SÓ NAS FÉÉÉÉRIAS?
MAS AS AULAS NEM COMEÇARAM AINDA...
SÓ NAS FÉÉÉÉRIAS?

ALGUNS DIAS DEPOIS...
NICO
ESTOU COM SAUDADES DOS MEUS AMIGOS DA ESCOLA ANTIGA, MÃE.
HUMMM... ESTÁ COM SAUDADE DA ISA, NÉ?
OIIIIII, TUDO BEM?

ESTOU LIGANDO PORQUE O NICO SENTE FALTA DA ISA E PENSEI QUE ELES PUDESSEM CONVERSAR POR AQUI.
PRONTINHO, NICO.
COMO VOCÊ ESTÁ, NICO?
OBRIGADO, MÃE! OI, ISA...
ME CONTA TUDO, COMO É A SUA NOVA CIDADE?

DE NOITE.
MÃE, SERÁ QUE POSSO FALAR COM O VOVÔ TAMBÉM?
SEU AVÔ NÃO TEM COMPUTADOR OU TABLET, FILHO.
E POR QUE ELE NÃO COMPRA UM?
HUM... DEPOIS QUE O DELE QUEBROU, ACHO QUE ELE NUNCA PENSOU EM COMPRAR OUTRO.
ALÉM DISSO, ELE NÃO TEM DINHEIRO PARA COMPRAR UM.

É ISSO!!! E SE A GENTE COMPRAR UM TABLET PRO VOVÔ, JÁ QUE O DELE QUEBROU DE VEZ?
EU E SEU PAI NÃO CONSEGUIMOS COMPRAR AGORA. TIVEMOS MUITOS GASTOS COM A MUDANÇA.
QUEM SABE NOS SEUS SONHOS VOCÊ CONSEGUE TER UMA IDEIA. DURMA BEM, FILHO.
LELÊ...
FALA, NICO.

A GENTE PRECISA COMPRAR UM TABLET PRO VOVÔ.
NÃO PODEMOS ESPERAR ATÉ AS FÉRIAS PARA VER O VÔ.
VAI BOLANDO UM PLANO, QUE EU PENSO EM ALGUMA COISA AQUI. AMANHÃ A GENTE FALA COM A MAMÃE. CÂMBIO.
NA MANHÃ SEGUINTE.
MÃE, LELÊ E EU TIVEMOS UMA IDEIA.
PARA COLORIR
ME CONTEM.
NICO E EU DECIDIMOS USAR OS 4 PASSOS QUE O VOVÔ ENSINOU PARA COMPRAR UM TABLET PARA ELE.

MESADA VOLUNTÁRIA: É AQUELE DINHEIRO QUE OS PAIS COSTUMAM DAR ÀS CRIANÇAS DE FORMA ALEATÓRIA: UM TROCADO OJE, OUTRO AMANHÃ, SEM MUITO CRITÉRIO.

NAQUELA MESMA NOITE.
CRIANÇAS, SEU PAI E EU CONVERSAMOS. SE VOCÊS QUEREM MESMO UMA FORMA DE SE COMUNICAR COM O VÔ AMADEU, PRECISAM FAZER DIREITO.
QUAL É O PRIMEIRO PASSO QUE O VOVÔ SEMPRE FALA QUANDO QUEREMOS REALIZAR UM SONHO?
EU SEI, EU SEI!
EU QUE SEI, LELÊ!
MAMÃE, EU SEI TAMBÉM.
MUITO BEM. E QUAL É?
É OLHAR AS COISAS DE PERTINHO.
CHAMA **DIAGNOSTICAR**, NICO.
AMBOS ESTÃO CERTOS. VOCÊS FIZERAM ISSO E PERCEBERAM QUE NÃO PODEM FALAR O TEMPO TODO COM O AVÔ DE VOCÊS.
O QUE LEVA AO SEGUNDO PASSO, **SONHAR**.

O SONHO DE VOCÊS É A COMPRA DO TABLET. E, PARA ISSO, SUA MÃE ME CONTOU QUE A LELÊ ESTÁ ABRINDO MÃO DO SONHO DELA, A COMPRA DE UM CACHORRO. MAS VOCÊS SABIAM QUE PODEM TER MAIS DE UM SONHO AO MESMO TEMPO?
O QUE NOS LEVA AO TERCEIRO PASSO, ORÇAR. VOCÊS SÓ PODEM DEFINIR QUAIS SONHOS TERÃO APÓS DESCOBRIREM NÃO SÓ O VALOR QUE CUSTA ESSE SONHO, MAS O QUANTO VOCÊS TÊM E QUAIS AÇÕES IRÃO TOMAR PARA CONSEGUIR O RESTANTE.
?
O ÚLTIMO PASSO, POUPAR, VOCÊ ATÉ JÁ COMEÇOU, NICO. DECIDIU LEVAR LANCHE DE CASA E NÃO COMPRAR NA CANTINA DA ESCOLA. O QUE MAIS VOCÊS PRETENDEM FAZER?
E SE A GENTE TROCASSE AQUELE PASSEIO NO AQUÁRIO POR UM DIA NO PARQUE PARA BRINCAR COM AS NOSSAS BICICLETAS?
E SE A GENTE PARASSE DE COMPRAR REVISTINHAS EM QUADRINHOS E TROCASSE AS QUE JÁ TEMOS COM O PESSOAL DA NOSSA ESCOLA?
ÓTIMAS IDEIAS, CRIANÇAS!

QUE DEMAIS!
A LELÊ PODE ME AJUDAR COM MEU SONHO E REALIZAR O DELA TAMBÉM!

NICO PASSOU ALGUNS DIAS PENSANDO EM COMO POUPAR MAIS DINHEIRO...
LELÊ TAMBÉM ANDAVA MUITO PENSATIVA...
ENTÃO, ELES TIVERAM ALGUMAS IDEIAS...

LELÊ, E SE A GENTE PEDISSE DINHEIRO NO NOSSO ANIVERSÁRIO E NO DIA DAS CRIANÇAS?
YEAH! QUE ÓTIMA IDEIA, NICO. EU TAMBÉM PENSEI EM ALGUMAS COISAS...
SE A GENTE AJUDAR OS NOSSOS PAIS A ECONOMIZAR, PODEREMOS REALIZAR NOSSOS SONHOS MAIS RÁPIDO.
E COMO FAZEMOS ISSO?

ECONOMIZANDO ÁGUA...
...A GENTE PODE FECHAR AS TORNEIRAS ENQUANTO ESCOVAMOS OS DENTES, POR EXEMPLO.
NÓS TAMBÉM PODEMOS ECONOMIZAR ENERGIA.
AHHHH, JÁ SEI COMO! A GENTE PODE APAGAR AS LUZES AO SAIR DE UM CÔMODO...
ISSO MESMO! ALÉM DISSO, NÃO DESPERDIÇAR COMIDA TAMBÉM PODE AJUDAR E MUITO!

MANDOU BEM, LELÊ!
E COMO A GENTE NÃO PODE TRABALHAR, PORQUE SOMOS CRIANÇAS, DESCOBRI UM JEITO DE GANHARMOS DINHEIRO...
UOWWWW, SÉRIO? COMO?

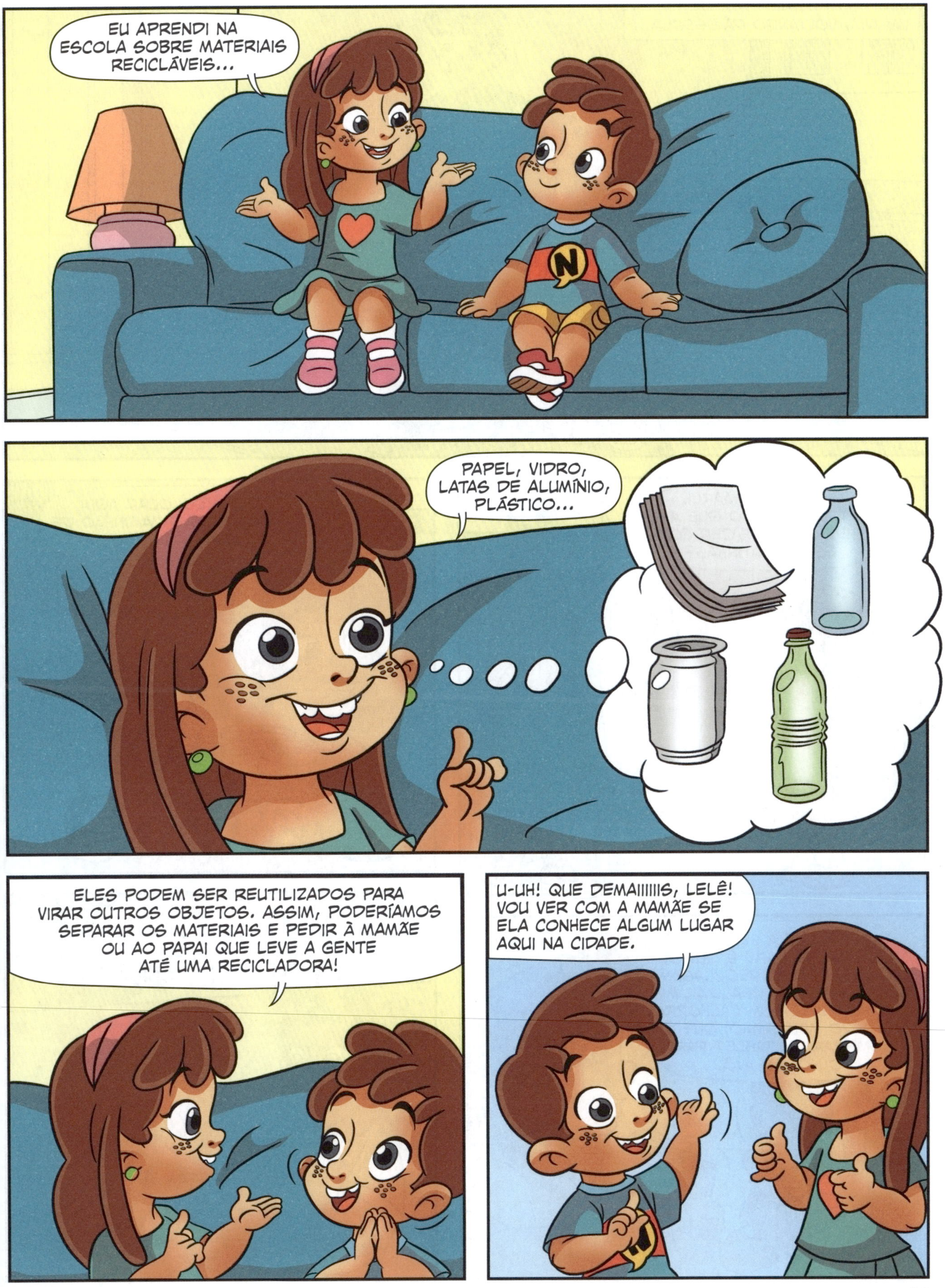
EU APRENDI NA ESCOLA SOBRE MATERIAIS RECICLÁVEIS...
PAPEL, VIDRO, LATAS DE ALUMÍNIO, PLÁSTICO...
ELES PODEM SER REUTILIZADOS PARA VIRAR OUTROS OBJETOS. ASSIM, PODERÍAMOS SEPARAR OS MATERIAIS E PEDIR À MAMÃE OU AO PAPAI QUE LEVE A GENTE ATÉ UMA RECICLADORA!
U-UH! QUE DEMAIIIIIS, LELÊ! VOU VER COM A MAMÃE SE ELA CONHECE ALGUM LUGAR AQUI NA CIDADE.

UM DIA, VOLTANDO DA ESCOLA...
OLÁ, DONA MARLI. TUDO BEM? O QUE A SENHORA VAI FAZER COM ESSAS LATINHAS?
EU IA COLOCAR AQUI NA LIXEIRA, O CAMINHÃO DE COLETA JÁ VAI PASSAR.
SERÁ QUE A SENHORA PODERIA ME DAR? É QUE EU VOU VENDER NA RECICLAGEM PARA CONSEGUIR REALIZAR MEU SONHO DE TER UM CACHORRO E O DO MEU IRMÃO, QUE É COMPRAR UM TABLET PARA O NOSSO AVÔ.
CLARO! PODE FICAR COM TODAS ELAS, ENTÃO!

QUANDO NICO VIU A IRMÃ CHEGANDO COM LATINHAS, FICOU FELIZ... MAS AO MESMO TEMPO TRISTE, POIS ELE AINDA NÃO TINHA CONSEGUIDO JUNTAR UMA QUANTIDADE BOA QUE NEM A IRMÃ...

ALGUM TEMPO DEPOIS, QUANDO AS CRIANÇAS JÁ TINHAM UMA BOA QUANTIDADE DE RECICLÁVEIS, PAULO FOI ATÉ A RECICLADORA E OS VENDEU.
CRIANÇAS! OH, CRIANÇAS!
E AÍ, PAI? DEU CERTO?
CONSEGUI VENDER TUDINHO O QUE VOCÊS JUNTARAM. VEJAM SÓ!
UAUUUUU! VOU GUARDAR TUDO NO MEU COFRINHO.

NADA DISSO, LELÊ! O DINHEIRO É PARA O SONHO DOS DOIS... ENTÃO, MEIO A MEIO.
NICO, NA PRÓXIMA VEZ QUE EU FOR FALAR COM OS VIZINHOS, VOCÊ VAI JUNTO ENTÃO!
DEPOIS DE ALGUM TEMPO, OS DOIS IRMÃOS CONSEGUIRAM JUNTAR OUTRA QUANTIA BOA PARA VENDER...
NOSSA, LOGO, LOGO, VOU PODER REALIZAR MEU SONHO...
NÃO ANTES DE EU REALIZAR O MEU!

QUÊ? E POR QUE O SEU PRECISA SER PRIMEIRO?
AI, AI, CRIANÇAS... QUE TAL A GENTE VER QUANTO CUSTA O SONHO DE CADA UM DE VOCÊS? DEPOIS DISSO, A GENTE PODE SABER QUAL SONHO REALIZAR PRIMEIRO.
COMO O TABLET É MAIS EM CONTA, O SONHO DO NICO SERÁ O PRIMEIRO. O DA LELÊ SERÁ O PRÓXIMO. TÁ BOM ASSIM?
COMBINADO!

UM DIA, DEPOIS DA ESCOLA, MARIA CONTOU A NICO QUE ELE RECEBEU UM E-MAIL DA AMIGA ISA.
ELA QUERIA SABER SOBRE GUATINGA E ELE PERCEBEU QUE MAL CONHECIA A CIDADE...
MAMÃE, PODEMOS DAR ALGUMAS VOLTAS? QUERIA OLHAR A CIDADE COM MAIS CALMA E TIRAR ALGUMAS FOTOS...
CLARO!
NICO E SUA MÃE PASSEARAM A TARDE TODA PELA NOVA CIDADE.

AO RETORNAREM PARA CASA...
NOSSA, ESSAS FOTOS FICARAM MUITO LEGAIS, NICO. E ESSE CACHORRINHO LINDO AQUI? DE QUEM É?
É UM CACHORRINHO ABANDONADO. NÓS VIMOS UM MONTE HOJE, LELÊ... MUITO TRISTE.
NOSSAAAAAA, E SE A GENTE ADOTASSE UM CACHORRINHO AO INVÉS DE COMPRAR? ASSIM EU REALIZARIA MEU SONHO SEM GASTAR TANTO DINHEIRO.
QUE ÓTIMA IDEIA, FILHA! ACREDITO QUE O DINHEIRO QUE POUPOU JÁ DÁ PRA COMPRAR UMA CASINHA, COLEIRA, CAMA E ATÉ OS POTINHOS DE RAÇÃO.
SIM! E, SE SOBRAR ALGO, PODE FICAR COM O NICO PARA AJUDAR NO SONHO DELE.

ALGUNS DIAS DEPOIS...

UAUUU! É MUITO LINDO!
SIM, É MUITO!!!

QUEREMOS ELE.

NICO CONTINUOU POUPANDO, POUPANDO E POUPANDO...
LELÊ CONTINUOU A AJUDAR O IRMÃO. O CACHORRO BIRA SE TORNOU O QUERIDINHO DA FAMÍLIA.
BIRA
N
ATÉ QUE CHEGOU O DIA DE ABRIR O COFRINHO...

YUPIIIII! JÁ TENHO O VALOR!
ENTÃO, VAMOS ÀS COMPRAS!

DEPOIS DE SE AJUDAREM E COMPARTILHAREM SEUS SONHOS...
OS DOIS IRMÃOS FINALMENTE CONSEGUIRAM REALIZÁ-LOS...
CRIANÇAS, ESTÁ NA HORA.
VÔ!
MEUS NETOS, QUE PRESENTE LINDO! AGORA EU CONSIGO VER TODOS VOCÊS.
FIM.

ATIVIDADES

1. NICO SENTIA MUITA FALTA DO VÔ AMADEU E DA AMIGA ISA, QUE FICARAM EM OUTRA CIDADE. PEÇA AJUDA A UM ADULTO E ESCREVA UM BILHETE PARA UMA PESSOA DE QUEM VOCÊ GOSTA MUITO.

IMAGEM: FREEPIK.COM

2. NICO, LELÊ E TITI DECIDIRAM REALIZAR DOIS SONHOS AO MESMO TEMPO. PINTE QUAIS ERAM OS SONHOS DELES.

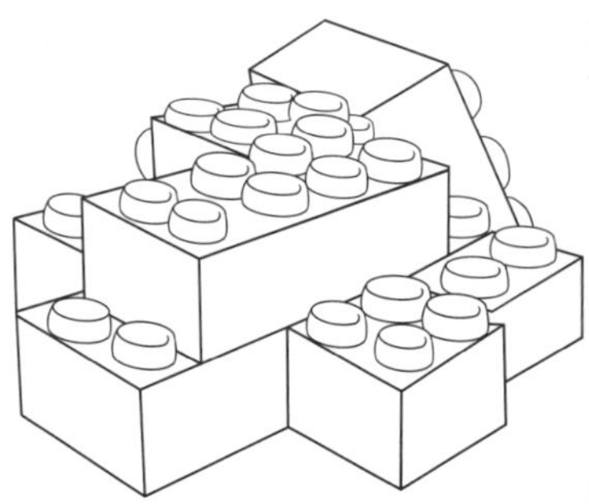

3. E VOCÊ, JÁ PENSOU NOS SEUS SONHOS? RECORTE E COLE, DE REVISTAS E JORNAIS, IMAGENS QUE ILUSTREM OS SEUS SONHOS.

SONHO 1

SONHO 2

SONHO 3

4. COMPLETE A CRUZADINHA.

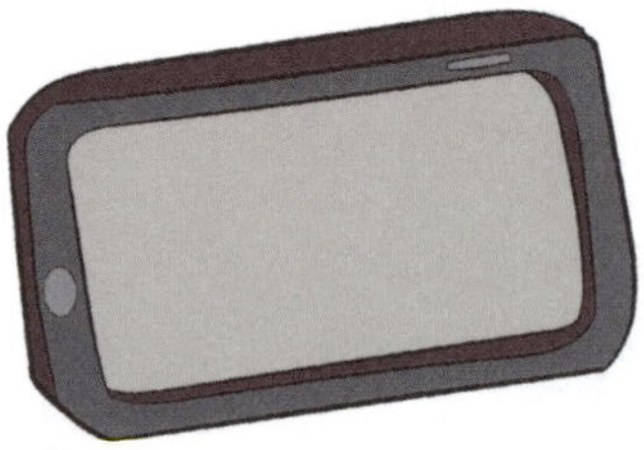

1. SONHO DO NICO
2. SONHO DA LELÊ
3. ALIMENTO DE ANIMAL
4. LOCAL PARA POUPAR DINHEIRO

5. DE ACORDO COM A HISTÓRIA, O SONHO DE NICO CUSTAVA MENOS DO QUE O SONHO DE LELÊ. ASSOCIE O MONTINHO DE MOEDAS AO SONHO CORRESPONDENTE.

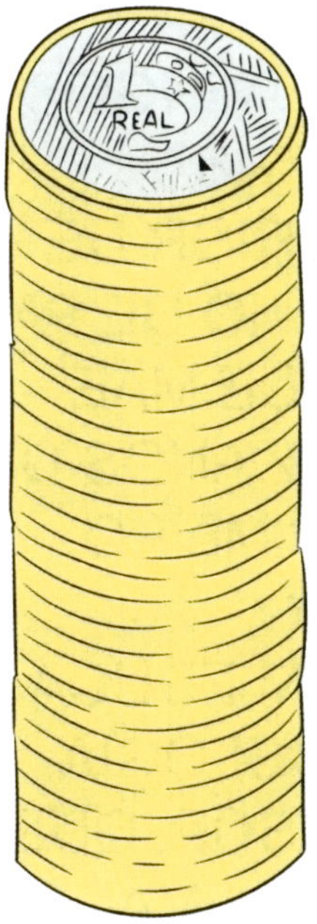

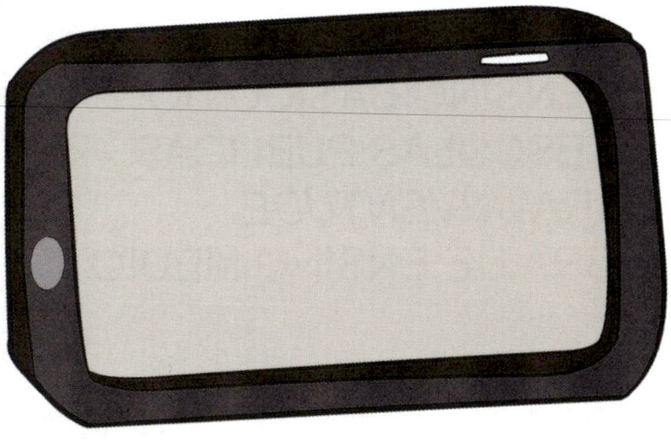

Vitoria Nascimento

REINALDO DOMINGOS NASCEU EM CASA BRANCA, INTERIOR DE SÃO PAULO. FILHO DE PAI FERROVIÁRIO E DE MÃE AUTÔNOMA, AOS 12 ANOS DE IDADE REALIZOU O PRIMEIRO DOS SEUS MUITOS SONHOS: COMPRAR UMA BICICLETA. ATUALMENTE, É PHD EM EDUCAÇÃO FINANCEIRA E MENTOR DE UMA METODOLOGIA COMPORTAMENTAL, A **METODOLOGIA DSOP**, QUE APRENDEU QUANDO AINDA ERA APENAS UMA CRIANÇA. AUTOR DE DIVERSOS LIVROS PARA O PÚBLICO INFANTOJUVENIL, PUBLICOU AS SÉRIES *O MENINO E O DINHEIRO*; *O MENINO DO DINHEIRO*; E OS LIVROS *O MENINO DO DINHEIRO EM CORDEL* (PNLD 2018), *DIÁRIO DOS SONHOS*, *A MENINA DO RIO*, ENTRE OUTROS. EM PARCERIA COM MAURICIO DE SOUSA, LANÇOU AS OBRAS *COMO CÃES E GATOS*, *VISITA À FAZENDINHA*, *SEM SONHOS* E *O SUMIÇO DO CEBOLA*. AUTOR DE TRÊS COLEÇÕES DIDÁTICAS DE EDUCAÇÃO FINANCEIRA PARA O ENSINO BÁSICO DO PAÍS, ADOTADAS POR DIVERSAS ESCOLAS PÚBLICAS E PRIVADAS, É COAUTOR DA OBRA *JUVENTUDE PLURAL – PROJETO DE VIDA*, OBRA DE ENSINO MÉDIO APROVADA NO PNLD 2021.